Kabiko fala sobre...
O direito das crianças

Por

Tulia Lopes

Fevereiro de 2014

Este livro deseja homenagear todas as crianças do mundo e expressar a necessidade de conscientização e respeito aos seus direitos a uma vida justa e decente.

Está especialmente dedicado aos meus queridos e maravilhosos sobrinhos, Isadora e Ciro.

Com muito carinho e amor!

Tulia

Artigo No.1
Temos o direito de nos unirmos e lutar em paz pelos nossos direitos.

Artigo No.2

Todos nascemos livres.

Artigo No.3
Todas as crianças têm o direito a expressar seus pensamentos e ideias.

Artigo No.4
Todas as crianças devem ser tratadas da mesma forma.

Artigo No.5

Todas as crianças devem ser cuidadas e não devem ser abandonadas.

Artigo No.6
Todas as crianças devem ser protegidas contra qualquer tipo de exploração.

Artigo No.7

Todas as crianças devem ser protegidas contra qualquer forma de violência.

Artigo No.8
Todas as crianças têm o direito de igualdade e de proteção pela lei.

Artigo No.9

Todas as crianças que violem a lei devem receber apoio legal e reabilitação.

Artigo No.10
Todas as crianças têm o direito a um nome legalmente registrado.

Artigo No.11
Todas as crianças têm o direito de viver em um ambiente onde se sintam protegidas.

Artigo No.12
Todas as crianças têm o direito a uma nacionalidade e a um país.

Artigo No.13

Todas as crianças têm o direito à infância, amor e amizade.

Artigo No.14
Todas as crianças têm o direito a ter suas próprias crenças.

Artigo No.15
Todas as crianças têm o direito a compartilhar suas ideias com outras.

Artigo No.16

Todas as crianças têm o direito a um lar onde são devidamente cuidadas.

Artigo No.17
Todas as crianças têm o direito à educação.

Artigo No.18

A educação deve permitir que a criança desenvolva seus talentos.

Artigo No.19
Música, arte, cultura e esportes devem ser um direito de todos.

Artigo No.20
Todas as crianças têm o direito a descansar e brincar.

Artigo No.21
Todas as crianças têm o direito a viver em paz, com dignidade e tolerância.

Artigo No.22

Mães e crianças têm o direito a ter acesso à assistência sanitária.

Artigo No.23
Todas as crianças têm o direito a um trabalho e salário justos quando cresçam.

Artigo No.24

Ninguém tem o direito de negar a elas esses direitos e sua liberdade.

Artigo No.25
Esses direitos devem estar disponíveis a todas as crianças do mundo.

Kabiko & sua Tribo são os personagens criados para apoiar e divulgar **Kabiko Depot,** uma plataforma online de Compra & Venda onde uma porcentagem de cada venda é remitida às instituições dedicadas a ajudar crianças carentes que apoiamos atrávés da nossa web.

Ao comprar este livro você está nos ajudando a ajudar crianças carentes espalhadas pelo mundo. Visite www.kabiko.com para obter mais informações.

O conteúdo deste livro foi inspirado na "Declaração Universal dos Direitos Humanos definido pelas Nações Unidas."

Muito obrigada por sua compra e contribuição. Esperamos que você e sua família curtam nosso primeiro livro. E, até o próximo!

Equipe do Kabiko
www.kabiko.com
Copyright © Tulia Lopes, 2013
Criado por Tulia Lopes
Ilustrado por Fabiana Azevedo
Kabiko Depot, Kabiko, Kabiko & sua Tribo , Kabiko & his Tribe, são marcas registradas.
Todos os direitos reservados.

www.ingramcontent.com/pod-product-compliance
Lightning Source LLC
LaVergne TN
LVHW072116070426
835510LV00002B/80